Emse

reist nach

LONDON

Mehr über Emse erfahrt ihr unter
www.emse-berlin.de

Von Emse gibt es auch:

 Emse reist nach Paris

 Emse streift durch Berlin

© 2014 Emse Verlag Berlin
Alle Rechte vorbehalten
Fotonachweis: Sophie-Charlotte Schaffron, Stefan M. Laebe
Layout: Naroska (www.naroska.de)
Druck: AZ Druck und Datentechnik GmbH, Berlin
ISBN 978-3-9816232-2-2

Emse
reist nach
LONDON

Von Ilona Murati und Margarete Schaffron

EMSE VERLAG BERLIN

Wovon ich euch erzählen will

Immer wenn ich einen besonderen **Tipp** für euch habe, seht ihr mich ganz klein am Seitenrand. Begriffe, die fett gedruckt sind, könnt ihr unter Wissenswertes (ab Seitc 86) nachschlagen.
Eure Emse

In diesem Anzug fühle ich mich
very british, also wie ein echter Brite.

Emse unterwegs in geheimer Mission

Hallo, mein Name ist Emse. Ameise Emse. Ich komme aus Berlin. Ich bin ziemlich schlau und kein bisschen schüchtern. Deshalb bin ich für einen wichtigen Auftrag ausgewählt worden: London für euch zu entdecken. Meinen **Wassini** trinke ich übrigens gerührt, nicht geschüttelt. Zu gern würde ich mein großes Vorbild, den britischen Geheimagenten James Bond, in London treffen. Doch leider gibt es James Bond nur als Roman- und Filmfigur.

Zur Tarnung bin ich mit meinem besten Freund RCL und seinem Opa Georg unterwegs und reise in einer kleinen Schachtel, die RCL in seiner Jackentasche trägt. Er hat mir die Menschensprache beigebracht und nun entdecken wir zusammen die Welt. RCL ist natürlich nicht sein richtiger Name. Weil seine Eltern nichts von unserer Freundschaft wissen sollen, verwenden wir diesen Decknamen.

Vom Flughafen London Heathrow sind wir mit dem Heathrow Express zur Paddington Station gefahren und von dort mit der U-Bahn bis zur Station Kings Cross. Mein erster Tipp für euch: Im Bahnhof Kings Cross gibt es einen **Harry Potter Shop** mit allem, was ein echter Harry Potter Fan sich nur wünschen kann. Falls ihr Zeit und Lust habt, könnt ihr dort auch das Gleis 9 ¾ suchen!

Ein Taxi hat uns anschließend zum Hotel gebracht. Die Londoner Taxis sehen ulkig aus, deshalb habe ich eines für euch gezeichnet. Fällt euch an dem Taxi etwas auf? Stimmt! Das Lenkrad ist auf der anderen Seite, weil die Autos in London auf der anderen Seite fahren, nämlich links und nicht rechts wie bei uns. Das bedeutet: Wenn ihr in London eine Straße überqueren möchtet, müsst ihr zuerst nach rechts schauen und nicht wie bei uns nach links.

London ist riesengroß. Über acht Millionen Menschen leben hier. Es gibt sechs Flughäfen und zur Zeit sechs Fußballclubs, die in der obersten englischen Fußball-Liga spielen. Sie heißt **Premier League**. Außerdem lebt in London eine echte Königin. Mal sehen, was ich noch alles in London für euch entdecke!

So sieht ein Taxi in London aus.
Es hat einen sehr kleinen Wendekreis und
das Lenkrad ist auf der rechten Seite.

Stadtwappen der City of London

In der City of London

Die Sonne hat mich früh morgens wachgekitzelt.
Schläfrig blinzele ich aus dem Fenster. Kein bisschen
Nebel ist zu sehen. „In London ist es immer nebelig",
hatte mir RCL erzählt, während er in Berlin einen Pul-
lover und eine Regenjacke in seinen Koffer stopfte.
Naja, heute Morgen scheint jedenfalls die Sonne. Der
Londoner Himmel hat meine Lieblingsfarbe: Stadtentdeckerhimmelblau mit einem Klecks Wolke. Gleich
nach dem Frühstück fahren wir mit der *tube*. Das ist
nicht etwa eine Tube wie für Zahnpasta, sondern das
englische Wort für U-Bahn. Man spricht es wie „tjuub"
aus. London hat die älteste U-Bahn der Welt. Die erste U-Bahn fuhr schon im Jahr 1853 – damals wurden

11

die Waggons noch von einer Dampflokomotive gezogen. Puuh, das muss im U-Bahntunnel ganz schön geraucht und gestunken haben! Mehr darüber erfahrt ihr im **London Transport Museum** – ein **Tipp** für euch.

Unser erstes Ziel heute ist die City of London oder kurz gesagt: die City. Sie liegt ziemlich genau in der Mitte und ist der älteste Stadtteil Londons. Hier, am Ufer

Die erste U-Bahn in London wurde von einer Dampflokomotive gezogen.

des Flusses Themse, errichteten die **Römer** ungefähr im Jahr 47 nach Christus die Siedlung Londinium. Richtig bedeutend wurde London etwa 1000 Jahre später, also zu Beginn des **Mittelalters**, als im Jahr 1066 die **Normannen** England eroberten. Ihr Anführer **Wilhelm der Eroberer** machte sich zum König, London zur Hauptstadt von England und baute eine große mächtige Festung: den Tower.

Während RCL und Opa Georg durch die Straßen zum Tower schlendern, schaue ich mir, lässig auf RCLs Jackentaschenrand gestützt, das Häusergewirr an: alt, neu, schmal, breit, niedrig, hoch, glatt, verschnörkelt, eckig, rund – Häuser aller Art kann man hier sehen. Ein Haus sieht sogar aus wie eine Gurke.

Warum laufen hier eigentlich so viele Männer in grauen Anzügen herum? Gerade schnappe ich von Opa Georg das Wort „Geld" auf und beschließe, ihm zuzuhören. „Die Londoner City ist ein bedeutendes internationales Finanzzentrum. Jeden Tag werden hier riesige Geldmengen bewegt. Viele der Menschen, die du hier siehst, kümmern sich darum, Geld für andere Menschen und Unternehmen anzulegen und damit selbst Geld zu verdienen." Aha, denke ich, und der angesagte Dresscode für diese Geldanleger ist also ein grauer Anzug. Ob mir so einer auch stehen würde? „Das verstehe ich nicht", unterbricht RCL meine Überlegungen. „Wieso kann man mit Geld bewegen und Geld anlegen Geld verdienen? Ist das so eine Art Domino-Spiel?" „Nein, nicht ganz. Mal sehen, wie ich dir das erklären kann", antwortet Opa Georg und denkt kurz nach.

„Ein internationales Finanzzentrum ist ein Ort, an dem Banken und Unternehmen aus der ganzen Welt mit Geld und Wertpapieren handeln – untereinander und an den Börsen. Mit Geld gehandelt hast du vielleicht auch schon einmal: Du leihst einem Freund einen Euro, damit er sich eine Tüte Gummibärchen kaufen kann und vereinbarst, dass er dir am nächsten Tag einen Euro plus fünf Gummibärchen zurückgibt. Die fünf Gummibärchen sind dein Gewinn, die Zinsen.

In London gibt es Häuser aller Art …

... sogar im Gurkenstil

Ungefähr so, nur mit riesigen Beträgen und viel komplizierter, funktioniert der Geldhandel. Bankkunden legen ihr Geld bei ihrer Bank an und bekommen dafür Zinsen, das ist ihr Gewinn. Die Banken verleihen das Geld weiter an Unternehmen und bekommen dafür von den Unternehmen Zinsen. Damit verdienen die Banken Geld. Die Unternehmen benötigen Geld, um in ihr Geschäft zu investieren, zum Beispiel, um ein Auto zu entwickeln, das ohne Benzin fährt. Wenn ganz viele Menschen das Auto später kaufen, verdient das Unternehmen viel Geld.

Jetzt kommt die Börse ins Spiel. An der Börse werden Wertpapiere gehandelt, also zum Beispiel Aktien, das sind Anteile an einem Unternehmen. Über deine Bank kannst du an der Börse Aktien des Unternehmens kaufen. Dann gehört dir ein kleiner Teil des Unternehmens. Wenn, wie in unserem Beispiel, das Unternehmen viel Geld verdient, steigt der Wert des Unternehmens und damit auch der Wert deines Anteils. Jetzt kannst du deine Aktien zu einem höheren Preis verkaufen, als du ursprünglich bezahlt hast und machst Gewinn." „Aber was passiert, wenn keiner das Auto kaufen will?", fragt RCL. „Gute Frage, RCL. Das ist das Risiko, wenn du Geld anlegst. Du kannst gewinnen oder verlieren. Wenn – in unserem Beispiel – keiner das neue Automodell kauft und das Unternehmen kein Geld verdient, ist das Geld futsch und der Wert des Unternehmens und deiner Aktien sinkt. Jetzt stellt euch solche und noch viel kniffligere Geschäfte mit riesigen Summen vor, die verliehen und angelegt werden: Das machen die Menschen, die hier in der Londoner City arbeiten, und zwar schon seit vielen Jahrhunderten. Die ersten Aktionäre waren übrigens die Seefahrer im Mittelalter. Um ein Segelschiff für eine Expedition auszurüsten, legten alle ihr Geld zusammen. Wenn das Schiff mit wertvoller Ladung zurückkam, bekam jeder Aktionär einen Teil des Gewinns. Doch wenn das Schiff im Sturm unterging, hatten die Aktionäre ihr Geld verloren."

Ich finde, im Anzug
mache ich eine
gute Figur.

Der White Tower (Weißer Turm)
Hier werden heute die Rüstungen
und Waffen ausgestellt.

Der Tower of London

Als der **Tower** für Besucher öffnet, stehen wir bereit. Zum Glück gibt es so früh noch keine lange Warteschlange. Ein **Tipp**: Die **Tickets** kann man online kaufen.

„Im Tower gibt es noch echte Ritter in Rüstungen, mit Lanzen und Schwertern", hatte RCL in Berlin behauptet. Nach denen halte ich erwartungsvoll Ausschau, nur leider sehe ich keinen einzigen Ritter. Stattdessen kontrolliert ein freundlicher älterer Herr in einem lustigen roten Kostüm unsere Tickets. „Good morning, Mr. Beefeater", sagt RCL stolz, weil er gelesen hat, dass die Wachen im Tower *beefeater* heißen. Opa Georg runzelt die Stirn, doch der Mann lacht nur. „Good morning young gentleman", erwidert er höflich, drückt RCL ein kleines Faltblatt in die Hand und wendet sich dem nächsten Besucher zu. „Was ist denn Opa, die Männer, die den Tower bewachen, heißen doch *beefeater*!", protestiert RCL gegen Opa Georgs strengen Blick. „Nein, *beefeater* ist nur ihr Spitzname, weil diese Wachen im Tower früher zu den wenigen Menschen gehörten, die Fleisch zu essen bekamen, denn sie mussten stark sein, um den Tower zu beschützen. Das englische Wort *beefeater* bedeutet „Fleischesser". Aber das ist nicht ihr Familienname. Du heißt ja auch nicht Herr Kakao, nur weil du gern Kakao trinkst. Außerdem tragen die

Wachen kein Kostüm, sondern eine Uniform", beendet Opa Georg die Diskussion und führt uns in den Tower hinein.

So sieht die Uniform eines Beefeater aus.

900 Jahre lang war der Tower einer der wichtigsten Orte der britischen Geschichte. Als Wilhelm der Eroberer die Festung errichten ließ, sollte sie Schutz bieten, aber auch zeigen, wie mächtig der König war. Der White Tower in der Mitte der Festungsanlage war an seiner höchsten Stelle über 27 Meter hoch. Das ist heute natürlich nichts Besonderes, doch damals, vor fast 1000 Jahren, war er weit und breit das höchste Gebäude und wirkte ungefähr so, wie heute ein Wolkenkratzer in einer Kleinstadt.

Früher war im Tower echt viel los. Es gab hier sogar einen Zoo. Die Könige und Königinnen bekamen oft wilde und exotische Tiere geschenkt: Löwen, Tiger, Affen, Adler, Kamele, Elefanten und Nashörner gab es in der Königlichen Menagerie des Tower zu bestaunen und sogar einen Eisbären, der an einer langen Leine in der Themse schwimmen und Fische fangen durfte.

Was ihr euch im Tower unbedingt ansehen solltet, ist die riesige Ausstellung der Rüstungen und Waffen. Echte Ritter-Fans und Burgfräulein dürfen sie nicht versäumen. Für alle anderen, die nur ein bisschen oder gar keine Ritter-Fans sind: Die stolzen und starken Reiter in ihren glänzenden Rüstungen neben ihren ebenfalls mit schweren Rüstungen geschützten Pferden werden auch euch begeistern, dafür verwette ich meine besten Turnschuhe.

Später fahren wir an den prunkvollen Kronjuwelen und Königskronen vorbei, die hinter extra-dicken Türen im Tower verwahrt werden. Ja, ihr habt richtig gelesen: FAHREN, nicht gehen. Weil wahnsinnig viele Menschen die Kronjuwelen besichtigen möchten, sind auf beiden Seiten der Glasvitrinen elektrische Laufbänder, so dass ihr ganz gemütlich an den Kronen vorbeigefahren werdet.

Natürlich diente der Tower auch als Gefängnis und Hinrichtungsort. Klar, jede Burg hatte früher einen Kerker. Doch der Tower war vor allem ein Gefängnis für besonders prominente Gefangene. Fünf Könige, vier Königinnen, Prinzen, Herzöge und Grafen wurden im Lauf der Jahrhunderte im Tower gefangen gehalten.

Für solch edle Gefangene war der Tower ein sicheres, aber auch ein ganz komfortables Gefängnis. Die hochwohlgeborenen Gefangenen durften manchmal sogar mit ihren Familien und Dienern im Tower wohnen und wurden respektvoll behandelt. Das politische Schicksal drehte sich damals recht häufig. Wer heute im Tower gefangen war, konnte morgen König werden. So erging es zum Beispiel Königin **Elisabeth der I.** Kurz vor ihrer Krönung saß sie noch als Gefangene im Tower.

Ich bin ein mutiger Ritter und kämpfe
unerschrocken für meinen König und meine
Königin. Eine echte mittelalterliche
Ritterrüstung wog um die 30 Kilogramm.

Jane Grey: Schicksalstage einer Königin

Während wir auf einer Bank kurz Pause machen, blättert RCL in einem Buch über den Tower, das er im Tower-Shop erstanden hat. Das Bild eines jungen Mädchens in einem weißen Kleid und mit verbundenen Augen erregt unsere Aufmerksamkeit. Daneben steht „Jane Grey, die Neun-Tage-Königin". Das ist ja nun höchst merkwürdig. RCL und ich tauschen einen heimlichen Blick aus: Ein Fall für Opa Georg. „Opa Georg", fragt RCL und hält ihm das Bild unter die Nase, „schau mal, da steht „Jane Grey, die Neun-Tage-Königin". Was soll das denn bitte heißen? Könige regieren doch immer Jahrzehnte. Und weshalb hat sie verbundene Augen?" Opa Georg blickt ernst auf das Bild und dann zum Tower Green, der Rasenfläche, an der unsere Bank steht. „Das ist Jane Grey. Sie war erst 16 Jahre alt, als sie für neun Tage Königin von England wurde. Willst du ihre Geschichte hören?" So eine überflüssige Frage. Natürlich wollen wir!

„Jane Grey war die Großnichte von Englands König **Heinrich dem VIII.** Sie war ein schönes und kluges Mädchen und dazu erzogen worden, „eine gute Partie" zu machen, das heißt einen reichen oder mächtigen Mann zu heiraten. Als sie 15 Jahre alt war, verheirateten ihre Eltern sie mit dem Herzogssohn Guildford

Dudley." „Wie geht denn das?", unterbricht RCL seinen Opa, „da war sie ja noch nicht einmal volljährig! Und durfte sie sich ihren Mann nicht aussuchen?" „Es ist noch gar nicht so lange her, da bestimmten tatsächlich die Eltern, wen du zu heiraten hast", erklärt Opa Georg. „Zu jener Zeit, als Jane Grey lebte, verheiratete man sogar Kinder miteinander, das war nicht ungewöhnlich. Jane Grey heiratete also Guildford Dudley.

Doch dann geriet Jane in die Ränkespiele der Politik. **Edward der VI.** war damals König von England. Er war ein Sohn von König Heinrich dem VIII., aber selbst noch ein Kind, gerade mal zehn Jahre alt, als er nach dem Tod seines Vaters im Jahr 1547 König wurde. Deshalb brauchte er jemanden, der für ihn die Regierungsgeschäfte leitete. John Dudley, der Herzog von Northumberland, übernahm diese Aufgabe – nicht ohne Hintergedanken, denn Guildford Dudley war sein Sohn. John Dudley erreichte, dass Edward, der junge König, Jane Grey in seinem Testament als Thronfolgerin bestimmte. So war sein Sohn Guildford also mit der künftigen Königin verheiratet. Edward der VI. starb am 6. Juli 1553, da war er noch nicht einmal 16 Jahre alt. Jane erfuhr, dass sie nun Königin werden sollte und war anscheinend erst einmal ziemlich entsetzt. Doch da man ihr versicherte, dass sie die rechtmäßige Nachfolgerin von Edward dem VI. auf dem englischen Thron sei, war sie bereit, diese schwere Aufgabe zu übernehmen. Am 9. Juli 1553 wurde sie zur Königin von England erklärt.

Nun gab es aber noch Maria, eine Tochter von Heinrich dem VIII, die auch Königin sein wollte. Sie berief sich darauf, dass ihr Vater sie in seinem Testament zur Thronfolgerin nach Edward dem VI. bestimmt hatte. Am 10. Juli 1553 ließ Maria sich ebenfalls zur Königin erklären. Da es nur eine Königin geben konnte, schickten Jane und Maria ihre Armeen gegeneinander in den Kampf. Maria gewann und wurde am 19. Juli 1553 auf dem Tower Hill offiziell zur Königin Maria der I. von England ausgerufen. Gleichzeitig wurde Jane als Königin von England abgesetzt. Seitdem wurden sie und ihr Mann Guildford im Tower gefangen gehalten. Etwa ein halbes Jahr später wurde Jane Grey auf dem Tower Green geköpft. Das Bild in deinem Buch zeigt Jane Grey kurz vor ihrer Hinrichtung." Oh Mann, denke ich, was waren das damals für merkwürdige Zeiten. RCL blickt auf das Tower Green und zieht die Schultern hoch, als ob er frieren würde. „Ganz schön grausam waren die Leute damals. Aber auch echt blöde. Konnten die nicht miteinander reden, anstatt sich zu bekriegen und umzubringen?" „Das ist eine sehr kluge Frage, die ich dir leider nicht beantworten kann", erwidert Opa Georg nachdenklich und steht auf. „Komm, wir schauen uns jetzt die **Tower Bridge** an." Das ist auch mein nächster Tipp für euch. Kinder bekommen einen eigenen Entdecker-Pass, für den ihr während der Besichtigung viele Sticker sammeln könnt.

Tower Bridge

St Paul's Cathedral

St Paul's Cathedral

Von der Tower Bridge aus machen uns auf den Weg zur St Paul's Cathedral. Unterwegs kommen wir an einer hohen Säule vorbei. Sie wurde zum Gedenken an den Großen Brand von 1666 errichtet. Damals brach in einer Bäckerei in der Pudding Lane ein Feuer aus, das fast alle Häuser in der City zerstörte. Die Bäckerei war genau 62 Meter von dem Platz entfernt, auf dem die Säule errichtet wurde, deshalb ist die Säule 62 Meter hoch. Sie hat auch einen Namen, allerdings keinen sehr einfallsreichen: „Monument", das ist das englische Wort für „Denkmal". Das Feuer war ein verheerendes Unglück, doch hatte es eine gute Seite: Es beendete die schreckliche Pest-Seuche, die vorher in der City gewütet hatte und an der viele Menschen gestorben waren. Nach dem Brand bauten die Einwohner die Häuser wieder auf, und zwar viel schöner und stabiler als zuvor. Besonders dazu beigetragen hat ein berühmter Architekt: **Christopher Wren.** Er hat auch die St Paul's Cathedral wieder aufgebaut, die ebenfalls niedergebrannt war. Das ist das riesige Gebäude mit der hohen Kuppel, vor dem wir jetzt stehen.

Ehrfurchtsvoll treten wir durch die hohe Tür. Hinter der Eingangskontrolle steuert Opa Georg zielstrebig als erstes auf den Eingang zur Krypta zu. Krypta nennt man das Untergeschoss einer Kirche. „Was sollen wir denn da unten im Keller?", mault RCL. „Warte ab. Hast du etwa keinen Hunger?", antwortet Opa Georg mit einem verschmitzten Grinsen. „Ich glaubs ja nicht, wie cool ist das denn? Ein Restaurant in der Kirche!", staunt RCL begeistert, als wir die Treppe herunterkommen und lässt sich auf den erstbesten Stuhl an einem freien Tisch fallen. „Ich habe einen Riesenhunger!"

Gut gestärkt und mit neuer Energie blicken wir uns in der Krypta um. „Viele berühmte Menschen sind in der Krypta von St Paul's begraben", setzt Opa Georg gerade an, als RCL vor einem schwarzen Marmor-Sarkophag auf einem hohen Steinsockel in der Mitte der Krypta stehenbleibt. „Horatio Visc Nelson", liest er. „Opa Georg, wer war das?" „Lord **Horatio Viscount Nelson** war ein berühmter englischer Admiral, der im Jahr 1805 eine sehr wichtige Seeschlacht für Großbritannien gewonnen hat. Er ist hier begraben." Nachdem wir das prachtvolle Grab umrundet haben, verlassen wir die Krypta.

St Paul's Cathedral ist die zweitgrößte Kathedrale Europas. Nur der Petersdom in Rom ist noch größer. Während ich andächtig durch das imposante Mittelschiff auf die majestätische Kuppel zuschreite, möchte ich meine Arme weit ausbreiten. St Paul's ist großzügig, hell, elegant und atemberaubend schön verziert. Christopher Wren hatte fünf ganz unterschiedliche Entwürfe gezeichnet. Ausgewählt wurde schließlich ein Entwurf im Stil des **Barock**.

Wir steigen bis ganz nach oben auf die Kuppel. Der Aufstieg über die 566 Stufen der engen, steilen Treppe ist ein bisschen mühselig, doch der absolut fantastische Blick auf London ist diese Mühe wert. In der Sonne glitzern die Dächer mit der Themse um die Wette. Die roten Doppeldeckerbusse sehen so klein aus wie Spielzeugautos und die Menschen auf den Straßen so winzig und emsig wie Ameisen. Sie schlängeln sich wie eine Ameisenstraße über eine Brücke, die über die Themse direkt auf ein eckiges braunes Gebäude mit einem hohen Schornstein zuführt. „Was gibt es denn in dem braunen Haus dahinten zu sehen, zu dem so viele Leute hingehen?", fragt RCL. „Ursprünglich war das ein Kraftwerk zur Erzeugung von Strom. Heute ist dort das Museum Tate Modern. Es ist das weltweit größte Museum für Moderne Kunst, also Kunst, die im späten 19. und im 20. Jahrhundert entstanden ist. Dort treffen wir uns gleich mit Großtante Elisabeth", kündigt Opa Georg erwartungsvoll an.

Bevor wir die Kuppel verlassen noch ein Tipp: Natürlich könnt ihr auch die **Tickets** für die St Paul's Cathedral schon vor eurem Besuch online kaufen.

Am Ende der Brücke werden wir von Großtante Elisabeth und ihrem Enkel Paul schon strahlend erwartet (also ich werde natürlich nicht erwartet, ich bin ja in geheimer Mission unterwegs, gut getarnt unter RCLs Jackenkragen). „Schön, dass ich dich endlich kennen lerne. Nenn mich einfach Tante Lizzy!" Großtante Elisabeth,

Die Millenium Bridge führt über die Themse zum Museum Tate Modern.

die Schwester von Opa Georg, nimmt RCL fest in den Arm. Paul ist ein bisschen größer als RCL. Verlegen grinsen sich die beiden an. Keine zehn Minuten später sind sie schon beste Freunde und ich bin fast ein bisschen eifersüchtig. Sie folgen Opa Georg und Tante Lizzy in die aktuelle Ausstellung, die am Eingang groß angekündigt ist: Bilder mit vielen Strichen, Kurven und Kreisen, so richtig abstrakte Kunst also, auf der man keine Menschen, Tiere oder Gegenstände, sondern nur Formen, Linien, Punkte und so erkennen kann. Ich mache es mir währenddessen in der riesigen Turbinenhalle gemütlich, bewundere die imposante Industrie-Architektur, verfolge die kunstvollen Muster, die das einfallende Licht auf den Boden zeichnet und stelle mir vor, wie es war, als hier die Turbinen dröhnten.

Zum Abendessen besuchen wir einen uralten *Pub,* also eine englische Kneipe, in der Nähe der Fleet Street und verspeisen *Fish'n Chips.* Das ist ein in Backteig frittiertes Fischfilet mit dicken Pommes. Sehr lecker, solltet ihr unbedingt probieren! In der Fleet Street wurde übrigens im Jahr 1702 die erste Tageszeitung gedruckt. Seitdem denkt jeder Erwachsene bei „Fleet Street" immer noch als erstes an Zeitungen, obwohl sie heute ganz woanders gedruckt werden. So, das wars für heute. Ich krieche jetzt schnell in die Falle, oh, pardon, ich meine natürlich in meine gemütliche Schachtel.

Hier wird Politik gemacht: Die City of Westminster

Uaaaah, heute Morgen bin ich noch ganz schön müde. Während RCL und Opa Georg frühstücken, döse ich gemütlich in meiner kleinen Schachtel und kuschele mich träge auf eine weiche Feder. Bei einem englischen Frühstück geht es richtig deftig zur Sache: Gebratener Speck, Rührei, Würstchen, Bohnen, Tomaten – nie würde sich ein richtiger Engländer mit Müsli und Joghurt oder einem Croissant zufrieden geben.

Mit der U-Bahn fahren wir bis zur Station Charing Cross. Wir sind jetzt in der City of Westminster, einem weiteren Stadtteil von London.

Von Charing Cross aus gehen wir die Straße Whitehall entlang und bleiben bei einer Menschentraube vor einem Eisengitter stehen, die den ganzen Bürgersteig blockiert. Inzwischen habe ich wieder meinen Ausguck auf RCLs Jackentaschenrand eingenommen und kombiniere agentenschlau, dass die Menschentraube nur bedeuten kann, dass wir bei 10 Downing Street angekommen sind. Die Downing Street ist eine kleine Seitenstraße von Whitehall. In dem Haus Nummer 10 ist seit 1735 der Amtssitz, also das Büro des britischen Premierministers, der so eine ähnliche Aufgabe hat, wie in Deutschland die Bundeskanzlerin. Durch das Eisengit-

Big Ben

ter sieht man ein paar hübsche Hausfassaden. „Die Häuser hier wurden im Jahr 1682 von Sir Christopher Wren entworfen, dem Architekten, der auch die St Paul's Cathedral gebaut hat", erklärt Opa Georg, während wir weitergehen. Oho, denke ich, so alt sehen die Häuser hier gar nicht aus. Ob unser Ameisenhaufen in Berlin in 300 Jahren auch noch so gut aussehen wird?

RCL reißt mich aus meiner Grübelei über die Dauerhaftigkeit der Ameisenhaufen-Architektur. „Schau mal, der Big Ben!", ruft er aufgeregt und zeigt nach vorne, „der sieht ja genauso aus wie auf den Bildern, die ich gesehen habe!" „Ja, warum auch nicht?", schmunzelt Opa

Georg. "Wieso heißt der eigentlich Big Ben?", fragt RCL. „Der Turm ist ein Glockenturm und hat seinen Namen von der Glocke Ben. Das ist die größte von fünf Glocken, die jede Viertelstunde schlagen. Der Turm steht an der Nordostecke des House of Parliament, das auch Palace of Westminster genannt wird. Hier tagen das House of Lords und das House of Commons. Im House of Commons, das man auf Deutsch „Unterhaus" nennt und dem die gewählten Abgeordneten des Vereinigten Königreiches angehören, werden zum Beispiel Gesetze gemacht. Es hat ungefähr die gleiche Aufgabe wie unser Parlament, der Deutsche Bundestag. Die Mitglieder des House of Lords, das man auf Deutsch „Oberhaus" nennt, werden nicht gewählt, sondern vom Premierminister vorgeschlagen und dann von der Königin ernannt. Nur Adlige und hohe Geistliche, die Bischöfe, können Mitglieder im House of Lords sein. Das findet ihr vielleicht ungewöhnlich, doch das House of Lords hat in Großbritannien eine sehr lange Tradition. Es ist im 14. Jahrhundert, also vor über 600 Jahren entstanden. Heute berät es die Regierung und überprüft die Gesetzesentwürfe des House of Commons." Opa Georg blickt auf die große Uhr des Big Ben. „Komm, gleich beginnt unsere Führung."

 Während der **Führung** – ein Tipp für euch – erfahren wir, dass der der älteste Teil des Palace of Westminster, die Westminster Hall, schon über 900 Jahre alt ist. In den Tagungsräumen des Ober- und des Unterhauses, die wir ebenfalls besichtigen, ist es ziemlich eng. Im Unterhaus gibt es nicht einmal Sitzplätze für alle Abgeordneten. Im Oberhaus steht dafür ein echter Thron für die Königin, die dort jedes Jahr die Sitzungsperiode des Parlaments höchst feierlich eröffnet. Während wir andächtig auf den Thron blicken, erzählt der Führer schon weiter: von Guy Fawkes, der im Jahr 1605 das Parlament in die Luft sprengen wollte. Dafür hatte er tatsächlich bereits 36 Fässer Schießpulver in den Keller des Parlaments geschafft, als das Komplott in letzter Sekunde aufgedeckt wurde. Da haben die Wachen ja ganz schön geschlafen!

Nach dem Besuch des Palace of Westminster werfen wir einen Blick auf den Buckingham Palace, der nicht weit entfernt ist. Dort wohnt und regiert Ihre Majestät **Königin Elisabeth die II**. schon seit mehr als 60 Jahren. Sie ist nicht nur das Staatsoberhaupt des **Vereinigten Königreiches Großbritannien und Nordirland**, sondern von insgesamt 53 Staaten des **Commonwealth of Nations** und außerdem das weltliche Oberhaupt der **Anglikanischen Kirche Englands**. Puuuh, da bleibt mir glatt die Spucke weg, bis ich die Titel alle aufgezählt habe! Natürlich ist die Königin auch das Oberhaupt der königlichen Familie und des königlichen Haushal-

Buckingham Palace

tes mit rund 1200 Angestellten. Ich glaube, sie arbeitet mindestens so emsig wie eine Ameisenkönigin.

Wir bewundern die eindrucksvolle Fassade des Schlosses und den Balkon, auf dem Kronprinz William, der Enkel der Königin sich mit seiner Kate nach ihrer Hochzeit gezeigt hat. Oh, das war sooo romantisch.

Viele Touristen schauen sich gern die berühmte **Wachablösung** vor dem Buckingham Palace an. Da es dort zumeist wahnsinnig voll und eng ist, hier mein **Tipp** für euch: Schaut sie euch nur an, wenn ihr viel Zeit und keine Angst davor habt, euch durch das dichte Gedränge zu schummeln, um einen Platz zu ergattern, von dem ihr die Wachablösung auch wirklich sehen könnt.

Da ich ja nicht gefrühstückt habe, hängt mir mein Bauch inzwischen in den Kniekehlen. Zum Glück geht es RCL und Opa Georg auch so. Wir gehen in das **Inn the Park**, ein Restaurant im nahe gelegenen St James's Park – noch ein **Tipp** für euch – um dort zu Mittag zu essen. Ich verspeise schnell ein paar leckere Krümel, dann verziehe ich mich satt und zufrieden zu meinen Ameisen-Kumpels in den saftigen englischen Rasen des Parks und erfahre noch einiges über die Königin. Zum Beispiel, dass sie sogar eine eigene Seite auf Facebook und ein Twitter-Account hat, und das, obwohl sie schon über 80 Jahre alt ist!

Als RCL aus dem Restaurant kommt, krabble ich schnell auf seinen Jackentaschenrand, winke meinen Ameisen-Kumpels huldvoll zu, lasse mich wie ein König davontragen und vergesse kurz, dass ich ja eigentlich als Agent in geheimer Mission unterwegs bin.

Im Winter hält die Bärenfellmütze
meine Fühler schön warm.

Die Kirche der Könige: Westminster Abbey

Ich fühle mich immer noch fast wie König, als wir an der langen Schlange der wartenden Touristen vorbeistolzieren und die Kirche Westminster Abbey betreten. Denn mit unserem **London Pass** – das ist noch ein Tipp für euch – dürfen wir einen besonderen Eingang benutzen.

Ich sage euch: Westminster Abbey ist wirklich die Kirche der Könige und Königinnen. Seit 1066 sind hier fast alle englischen Könige und Königinnen gekrönt worden. Über 40 Mal schon wurde in Westminster Abbey die prunkvolle Krönungszeremonie zelebriert. Westminster Abbey ist eine so herrlich hohe, schlanke, prunkvolle Kirche, dass ich mir wirklich keinen königlicheren Ort für eine Krönung vorstellen kann. Sie ist ein wunderschönes Beispiel für den Baustil der **Englischen Gotik**.

Ungefähr 20 Könige und Königinnen wurden hier auch begraben – ob sie wollten oder nicht. Zwei Königinnen wären vermutlich ganz schön sauer, wenn sie wüssten, dass sie beide hier nur neun Meter voneinander entfernt ihre letzte Ruhestätte gefunden haben: Königin Elisabeth die I. und **Maria Stuart**, Königin von Schottland. Die beiden haben sich jahrelang ge-

Westminster Abbey

stritten, und zu guter Letzt hat Elisabeth Maria Stuart töten lassen.

Auch viele berühmte Dichter, Schriftsteller und Wissenschaftler sind in Westminster Abbey begraben. Im nördlichen Seitenschiff finden wir das Grab, nach dem RCL schon überall gesucht hat: Das Grab von **Isaac Newton**.

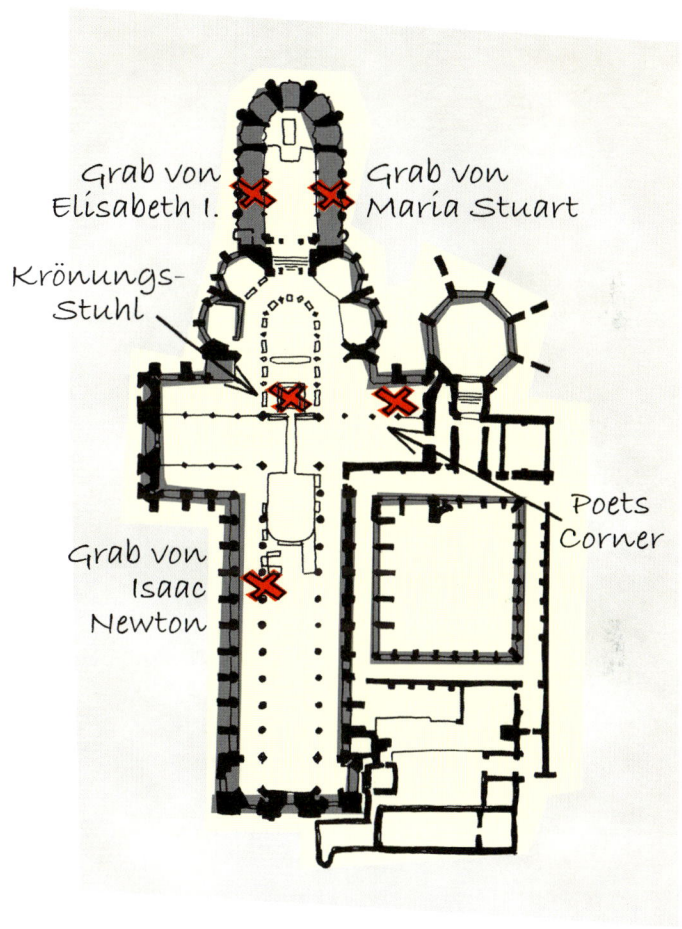

Ich, verkleidet als Sir Isaac Newton
Wegen meiner Verdienste hat Königin Anne
mich zum Ritter geschlagen.

Isaac Newton und die Schwerkraft

Als Isaac Newton 1642 geboren wurde, hielten die
Menschen Kometen für rätselhafte Erscheinungen.
Dass die Planeten sich um die Sonne drehen, war

eine gefährliche, noch unbewiesene Theorie. Newton wuchs auf einem Bauernhof auf und ging einige Jahre zur Schule, wo er vor allem Latein lernte. Das war zu jener Zeit die Sprache der Gelehrten. An der Universität interessierte es ihn am meisten, wie die Natur funktioniert: Er wollte Naturphilosoph werden. Als die große Pest im Jahr 1665 ausbrach, ging er zurück auf den Bauernhof seiner Eltern, und das war sein Glück. Dort blieb er gesund und hatte viel Zeit, die Natur zu erforschen. Unter anderem hat er bedeutende Gesetze der **Mechanik** entdeckt.

„Newton war echt cool. Sein Gravitationsgesetz erklärt die Schwerkraft, also weshalb wir mit beiden Beinen fest auf der Erde stehen und nicht einfach durch den Raum fliegen wie die Astronauten im Weltall. Außerdem erklärt es, warum der Mond um die Erde und die Planeten um die Sonne kreisen und warum es Ebbe und Flut gibt. Er hat auch herausgefunden, warum die Krafteinwirkung auf einen Gegenstand diesen in Bewegung versetzt, warum also zum Beispiel eine Kugel weiter und schneller rollt, wenn du sie stärker anstößt. Das ist sehr wichtig um zu verstehen, wie Mechanik funktioniert und um Maschinen zu konstruieren", flüstert RCL mir begeistert zu, der zu Weihnachten einen Mechanik-Baukasten bekommen hat und nun ständig an neuen Maschinen herumtüftelt. Na wenn das RCL

Piccadilly Circus

so wichtig ist, interessiert euch das vielleicht auch. Jedenfalls war Isaac Newton, als er 1727 starb, ein berühmter englischer Physiker, Mathematiker, Astronom und Philosoph, also ein Universalgelehrter.

Auf dem Weg von Westminster Abbey zum Piccadilly Circus kommen wir an dem Kaufhaus Fortnum & Mason vorbei. RCL möchte seinen Eltern Tee mitbringen, und so schnuppern wir alle an den verschiedenen Sorten (ich natürlich nur ganz geheim und gut versteckt). Tee ist einfach *very british,* und Tee von **Fortnum & Mason** ist ganz besonders *very british.* Deshalb der Tipp für euch: Falls ihr euren Großeltern köstlichen Tee mitbringen möchtet, findet ihr bei Fortnum & Mason eine Super-Auswahl. Nicht ganz billig, aber dafür in sehr hübschen Dosen und auf jeden Fall eben *very british.* Bei Fortnum & Mason kann man außerdem sehr, also wirklich sehr elegant eine englische *teatime* verbringen. Es wird Tee serviert und *scones,* eine Art Gebäck, die man mit *clotted cream* (ungefähr so etwas wie Sahne) und Marmelade isst. Wenn ihr so richtig reinhaut, könnt ihr euch das Abendbrot danach wirklich sparen.

Jetzt, am Nachmittag, ist am Piccadilly Circus die Hölle los. Obwohl *bobbies,* so nennt man die Polizisten in London, den Verkehr regeln, drängen sich Autos und Busse stockend um den Platz.

Auf den Bürgersteigen ist es nicht viel besser. Wir schlagen uns schnell nach links in eine etwas ruhigere Seitenstraße und kommen in die Savile Row. Sie ist berühmt wegen der vielen Herrenschneider, die hier ihren noblen Kunden schicke Anzüge schneidern. Euch darf ich es ja verraten: Meinen feschen Anzug und die lässige Schirmmütze habe ich von dort! Den Tipp hatte ich von meinen Ameisen-Kumpels im St James's Park bekommen. Sieht gut aus, oder? Ein Geheimagent muss schließlich immer perfekt gekleidet sein.

Wir schlendern weiter zur Regent Street. Dort gibt es viele Geschäfte, doch ein Geschäft ist DAS Geschäft überhaupt und deshalb mein **Tipp** für euch: **Hamleys**. Spielzeug auf sieben Stockwerken. Nur für Kinder. Wir verbringen dort den Rest des Nachmittags, bis wir alle Stockwerke ausgiebig erkundet haben.

Und ein **Extra-Tipp** für euch: Wenn ihr den Besuch bei Hamleys glücklich, aber hungrig und ermattet (so wie wir) beendet habt, könnt ihr zum Beispiel im **Windmill Pub** gleich um die Ecke einen sehr leckeren und sehr englischen *pie* essen. Das ist eine Art Kuchen, bei dem sich die Zutaten (die du natürlich vorher ausgesucht hast) unter einer Teigdecke verstecken. Bevor ich es vergesse: Hier sind noch zwei **Tipps** für euch: Gegenüber vom Palace of Westminster ist, nicht zu übersehen, das **London Eye**, ein riesiges Riesenrad. Für alle James Bond-Fans: mit **Duck Tours** könnt ihr in einem Amphibienfahrzeug durch London rauschen – zu Land und zu Wasser! Tickets gibt es natürlich wie immer auch online.

Das wars für heute. Ich muss jetzt ganz schnell schlafen gehen, damit ich morgen fit für die nächste Entdeckungstour bin!

Bobby ist eigentlich nur der Spitzname
für die britischen Polizisten.

Von Kensington nach Notting Hill

Hoppla, was ist das? Ich schaue aus dem Hotelfenster und sehe – nichts! Das also muss der berühmte Londoner Nebel sein. Macht aber gar nichts, denn wir sind erst einmal mit Paul und Tante Lizzy zum Frühstück in einem Café am Sloane Square verabredet, einem geschäftigen Platz in der Nähe des berühmten Kaufhauses Harrods sowie dem Naturkunde-Museum und einem großen Park, doch davon später mehr.

RCL hat endlich Gelegenheit, seinen Pulli unter die Jacke zu ziehen und freut sich, dass er ihn nicht umsonst mitgeschleppt hat. „Ich habs ja gesagt, in London ist es nebelig!", raunt er mir zu und freut sich diebisch, dass er mir das nun endlich beweisen kann. Ich bin sehr froh über meinen schönen warmen Tweed-Anzug, denn im Nebel ist es ziemlich kühl. Opa Georg zieht seine Schirmmütze etwas tiefer ins Gesicht und alle sind zufrieden, endlich das echte Londoner Wetter zu erleben. So tasten wir uns durch den dichten Nebel zur U-Bahn.

Nach unserem Frühstück am Sloane Square schlendern wir die Sloane Street entlang und bewundern die schicken Geschäfte in den schönen Häusern. Unser Ziel ist Harrods, eines der größten Kaufhäuser der Welt. „Ist es größer als das KaDeWe in Berlin?", fragt RCL.

Das Kaufhaus Harrods

„Das weiß ich nicht", antwortet Opa Georg. Ich bin völlig geplättet. Das ist wirklich das allererste Mal, dass Opa Georg etwas nicht weiß. Ich nehme mir deshalb vor, selbst nachzuforschen. Bald stehen wir vor der imposanten Fassade. „Das Kaufhaus gibt es zwar schon seit 1834, doch das Gebäude, wie wir es heute sehen, stammt aus dem Jahr 1903. Den Baustil nennt man eklektizistisch", erklärt Tante Lizzy. „Das ist aber ein komisches Wort", kichert RCL, „es klingt ein bisschen nach Klecksen". „Stimmt, aber damit hat es gar nichts zu tun. **Eklektizismus** nennt man den Stil, in dem vor allem im späten 19. und frühen 20. Jahrhundert gebaut wurde und bei dem sich der Architekt die schönsten Elemente aus verschiedenen Baustilen der Vergangenheit herausgesucht und nach seinen Vorstellungen kombiniert hat", fährt Tante Lizzy fort.

Am Eingang hält uns ein höflicher Portier die Tür auf und begrüßt uns mit einem „Welcome Mylady and Gentlemen." Na, da fühle ich mich ja fast schon wieder wie ein König (obwohl er mich gar nicht gemeint haben kann, denn ich hocke, wie immer gut versteckt, auf RCLs Jackentaschenrand). Tante Lizzy neigt würdevoll den Kopf, Paul und RCL kichern respektlos und Opa Georg schiebt uns alle schnell weiter. Wir bewundern die herrlich bunte Glasdecke im Erdgeschoß und RCL kauft einen kleinen Harrods-Bären für seine jüngere Schwester.

Dann ziehen wir weiter zum **Natural History Museum**, dem Naturkunde-Museum, nur wenige Schritte von Harrods entfernt. Das ist auch ein Tipp für euch. Die ausgestellten Dinosaurierskelette sind echt cool. Alles wird großartig erklärt. Sogar alles über Ameisen! Weil es draußen immer noch etwas ungemütlich ist, essen wir im Museum einen Burger und siehe da – nach dem Mittagessen ist der Nebel verschwunden und der Himmel zeigt uns wieder sein schönstes stadtentdeckerhimmelblau mit einem Klecks Wolke.

Das ist das perfekte Wetter, um die herrlichen Parks von London zu erkunden. Davon gibt es wirklich viele. Zu den größten gehören der St James's Park, der Green Park, der Regent's Park (in dem ist übrigens auch der **Zoo von London** – noch ein Tipp für euch) und am  südlichen Ufer der Themse der Battersea Park. Unser Ziel für heute sind der Hyde Park und Kensington Gardens, direkt nördlich vom Naturkundemuseum. Im Hyde Park laufen RCL und Paul direkt zum großen See, dem Serpentine. Paul zieht ein kleines Modellboot aus seinem Rucksack. „Komm, wir lassen das Boot auf dem See fahren", ruft Paul. „Wir gehen ein Stück spazieren. Passt gut auf, dass ihr nicht ins Wasser fallt", verkünden Opa Georg und Tante Lizzy. „Wir sind doch keine Babys mehr", entgegnen Paul und RCL beleidigt und setzen das Boot ins Wasser.

Ich begebe mich derweil auf Entdeckungstour im Park. Er ist riesig und überall ist tolles saftiges Gras. Ups – doch nicht überall. Plötzlich sind da nur noch Sand und Erde und etwas wie ein Donnergrollen kommt näher. Schnell verstecke ich mich hinter einem Blatt, um zu beobachten, woher das komische Geräusch kommt, das sich nun eher nach Pferdegetrappel anhört. Tatsächlich – drei Pferde – natürlich mit Reitern drauf

In Ascot trägt die Dame Hut, der Gentleman trägt einen Cut - so nennt man diesen grauen Anzug - und einen Zylinder.

– traben vorbei. Na sowas, da gibt es mitten im Hyde Park, mitten in London eine Pferdereitbahn! Dass Reiten in England eine alte und große Tradition hat, weiß ich natürlich, doch dabei denke ich immer nur an die berühmten Pferderennen in Ascot, wo die schicken Ladies so verrückte Hüte auf dem Kopf haben. Aber hier, mitten in London?

Als die Pferde vorbei geritten sind, krabble ich weiter. Bald höre ich jemanden erregt sprechen. Ob der sich mit jemandem streitet? Neugierig pirsche ich mich heran. Ein Mann steht ein bisschen erhöht und trägt etwa zwanzig Zuhörern seine Ansicht über die Welt im Allgemeinen und die englische Politik im Besonderen vor. Aha, kombiniere ich, das ist also Speakers' Corner am Hyde Park, wo jeder seine Meinung jederzeit und ohne Anmeldung öffentlich vortragen kann. Speakers' Corner ist das Symbol für Meinungsfreiheit. Ihr denkt vielleicht, es ist doch klar, dass jeder seine Meinung frei sagen darf? Das ist aber leider nicht so. Selbst in Europa war dies im Jahr 1872, als die Speakers' Corner eingerichtet wurde, ganz und gar nicht selbstverständlich. Deshalb haben unzählige Menschen diesen Ort genutzt, um ihre Meinung und Ideen kund zu tun. Einer der berühmtesten Sprecher an der Speakers' Corner war der Mitbegründer und Vordenker des Kommunismus **Karl Marx**.

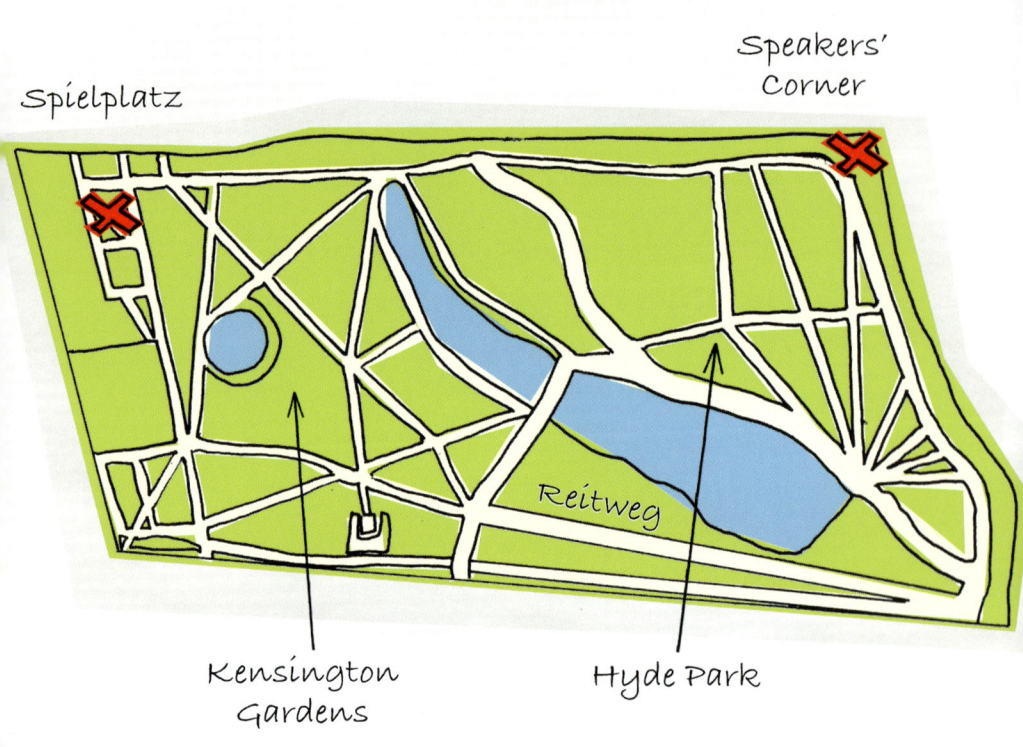

Speakers'
Corner

Spielplatz

Reitweg

Kensington
Gardens

Hyde Park

Plan vom Hyde Park
und Kensington Gardens

Es wird Zeit für mich, zu RCL und Paul zurückzu-
kehren. Als ich am See ankomme, packen sie gerade das
Boot ein, während Opa Georg und Tante Lizzy schon
warten. Also lege ich einen rasanten Ameisen-Spurt hin
und klettere in neuer Rekord-Zeit an RCLs Hosenbein
hoch. Puh, gerade rechtzeitig. „Können wir jetzt zum
Spielplatz gehen?", fragt RCL. „Paul hat mir erzählt,
dass der ganz toll sein soll." „Ich glaube, ihr müsst euch
noch ein bisschen austoben, bevor wir zum Abendessen nach Notting Hill gehen. Da ist der Spielplatz genau das richtige!", lächelt Tante Lizzy. Also ziehen wir
alle vom Hyde Park in den sich direkt anschließenden
Park Kensington Gardens. Dort liegt der Spielplatz
Diana Memorial Playground – mein Tipp für euch.
Ich will ja nicht zu viel verraten, aber das Piratenschiff
ist ein Knüller.

Während RCL und Paul herumtollen, beobachte ich
das bunte Treiben auf dem Spielplatz. Echt multikulti,
würde ich sagen. Das ist auch kein Wunder. In London
leben Menschen aus ungefähr 160 verschiedenen Nati-
onen, vor allem aus Afrika, Asien und der Karibik. Das
hat auch mit der Geschichte Großbritanniens zu tun,
mit dem Kolonialismus und dem **British Empire**. Davon erzähle ich euch später. Denn da die Sonne jetzt
schon ganz tief steht und bald untergehen wird, bre-
chen wir auf. „Heute Abend gibt es Pizza", verkündet

Opa Georg und schafft es damit tatsächlich, die beiden müden Piraten Paul und RCL, die soeben noch wie nasse Waschlappen auf zwei Beinen vor sich hin schlurften, in einen flotten Trab zu versetzen. Jetzt würden sie den Reitern auf der Pferdereitbahn alle Ehre machen.

Unterwegs studiert RCL die Straßenschilder. *„Terrace, Gardens, Crescent –* warum heißt hier fast keine Straße einfach *Street,* also Straße?"*, fragt er. „Das kommt von der Architektur der Straßen", erläutert Tante Lizzy. „Rund um den Notting Hill, das ist der Hügel hier links, der diesem Stadtviertel den Namen gegeben hat, sind halbkreisförmige Straßen angelegt, die man *Crescent* nennt, das heißt Halbmond. *Terrace* nennt man eine Straße, deren Häuser wie Reihenhäuser aneinandergereiht sind." „Und *Gardens* wird eine Straße dann genannt, wenn zu den Häusern Gärten oder ein Park gehören", kräht Paul dazwischen, weil er Tante Lizzys Erklärungen schon oft gehört hat, „ist doch klar wie Kloßbrühe, oder? Sind wir nun bald da?" Tante Lizzy runzelt die Stirn. „Ja, du vorlauter Frechdachs, da vorne, auf der rechten Straßenseite ist es schon." Nachdem ich ein paar knusprige Pizza-Krümel verspeist habe, die RCL heimlich über den Tellerrand geschnippt hat, strecke ich auf der Rückfahrt ins Hotel meine müden Beine genüsslich auf ein paar frischen Blättern aus, die RCL im Hyde Park für mich gesammelt und in meine kleine Schachtel gelegt hat.

Die Cutty Sark

Am nächsten Morgen werden RCL und ich vom Regen geweckt, der gegen die Scheiben platscht. Riesige Tropfen rinnen an den Fenstern des Hotelzimmers herab. „Manno, das ist ja voll dämlich", stöhnt RCL, „wenn wir bei dem Wetter mit dem Schiff zur Cutty Sark fahren, werden wir total nass." Er zieht sich die Bettdecke über den Kopf. Ich krabble auf die Fensterbank, blicke hinaus und betrachte den Himmel. Erstens sind wir keine Zuckerpüppchen und zweitens sieht der Himmel zum Glück ganz vielversprechend aus: Hinter der dicken dunkelgrauen Wolke über uns ist der Himmel schon wieder von ganz heller grauer Farbe. Also kitzele ich RCL wach und berichte ihm von meinen Erkenntnissen über das Wetter.

Tatsächlich hat sich der heftige Regenguss nach dem Frühstück in einen freundlichen Londoner Nieselregen verwandelt. Wir gehen zum Schiffsanleger und nehmen die Fähre nach Greenwich. Träge fließt die Themse unter uns dahin. Sie entspringt in dem beschaulichen Dörfchen Kemble, durchquert die berühmte Universitätsstadt Oxford und erreicht in London eine beträchtliche Breite, bevor sie nach insgesamt 346 Kilometern in die Nordsee mündet. Einst war die Themse ein wichtiger Handelsweg. Riesige Lagerhäuser säumen das Ufer, die heute vielfach zu schicken Wohnungen umgebaut sind. Nur eine knappe halbe Stunde später legen wir am südlichen Themse-Ufer in Greenwich an. Schon vom Anleger aus können wir die hohen Masten der Cutty Sark sehen. „Da sind ja gar keine Kanonen", stellt RCL enttäuscht fest. „Oh nein, die Cutty Sark war ja kein Kriegsschiff, sondern ein Klipper, also ein schnelles, schlankes Frachtschiff. Sie wurde zum Transport von Tee und Wolle verwendet", erklärt Opa Georg. „Aber sie ist doch ein Segelschiff und außerdem so schmal, wie kann sie denn da Fracht transportieren?", fragt RCL, der an die großen Containerschiffe denkt, die er mal im Hamburger Hafen gesehen hat.

„Die Cutty Sark lief 1869 vom Stapel", fährt Opa Georg geduldig fort. „Damals gab es nur Segelschiffe, die Dampfschifffahrt entwickelte sich gerade erst. Die Cutty Sark transportierte in den ersten Jahren vor allem Tee aus China nach Großbritannien. Die Route führte in rund 100 Tagen östlich um die Südspitze Afrikas herum. Natürlich sollte der Tee so schnell und frisch wie möglich in die Teetassen kommen, dafür war die Cutty Sark als Klipper sehr gut geeignet. Regelrechte Wettrennen lieferten sich die Handelsschiffe. Als der Suezkanal eröffnet wurde, der in Ägypten das Rote Meer mit dem Mittelmeer verbindet, und Dampfschiffe für die Fahrt von Shanghai durch den Suezkanal nach London

Mit 43 Segeln durchpflügte die Cutty Sark
die Ozeane. Ihre Gallionsfigur ist eine
Hexe, die ein kurzes Hemd trägt,
nach einer Figur in einem Gedicht des
schottischen Dichters Robert Burns.

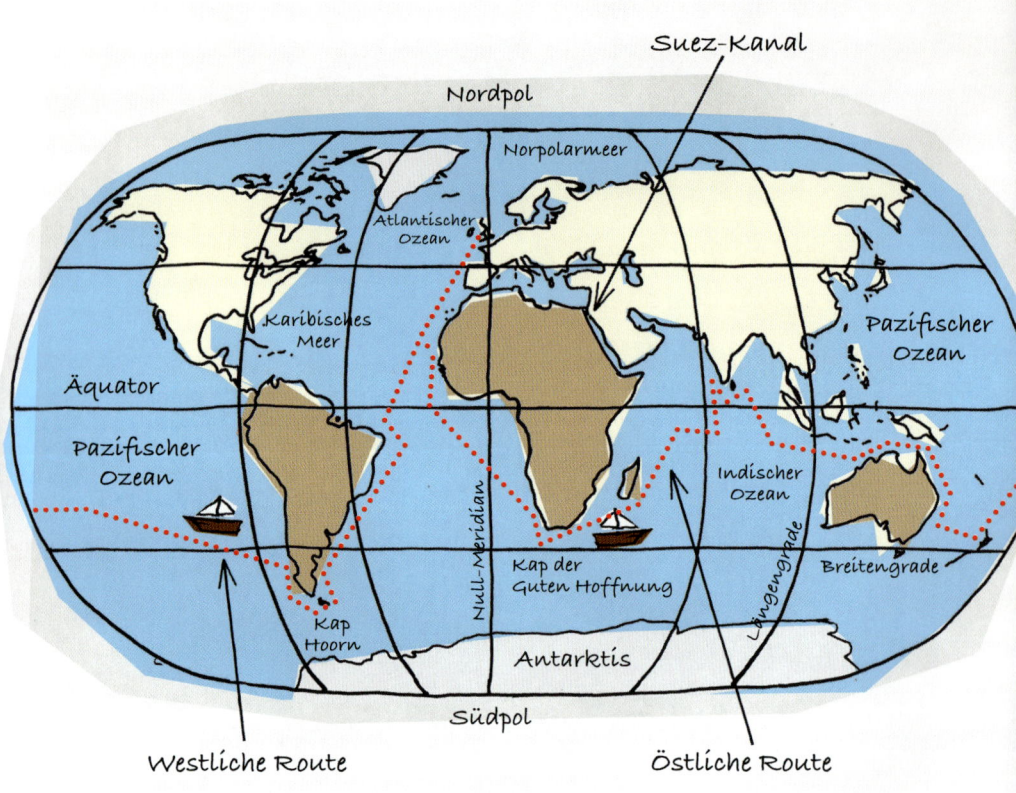

Wichtige Seehandelsrouten

nur noch die Hälfte der Zeit benötigten, war die Cutty Sark auf dieser Route zu langsam. Deshalb transportierte sie ab 1883 Wolle aus Australien. Richard Woodget war damals Kapitän der Cutty Sark. Er war äußerst mutig und wählte einen gefährlichen Kurs weit im Süden, den noch kein Schiff genommen hatte. Um den günstigsten Wind und die beste Strömung zu finden, steuerte er das Schiff durch die Eisberge um das Kap Hoorn an der Südspitze Südamerikas. Sein Wagemut wurde belohnt: Die Cutty Sark schaffte die Strecke zwischen Australien und London in nur 73 Tagen und wurde zum schnellsten Schiff ihrer Zeit auf dieser Route. Im Jahr 1889 überholte sie sogar ein Dampfschiff." „So eine Fahrt würde ich auch gern machen", unterbricht RCL Opa Georgs Erzählung und blickt sehnsüchtig zu dem eleganten Rumpf des Schiffes. „Wir dürfen nicht vergessen, dass diese Reisen nicht nur enorm gefährlich, sondern auch sehr beschwerlich waren", bremst Opa Georg RCLs Begeisterung, „Sturm, schwere See, Hitze und Kälte, schlechte Ernährung und die Eintönigkeit an Bord musste die rund 30 Mann starke Besatzung ertragen. Eigene Kajüten gab es nur für den Kapitän, den 1. und 2. Offizier und den Steward. Die Mannschaft schlief oft in einem einzigen Raum, oder wo gerade Platz war, in Hängematten."

Begeistert, aber auch sehr nachdenklich verlassen wir später das Schiff. So geputzt und poliert wie das Schiff hier im Trockenen liegt, kann man sich all die Strapazen gar nicht so richtig vorstellen. Dafür purzeln die Fragen aus RCL nur so heraus. „Weshalb wollten die Engländer eigentlich Wolle aus Australien? Haben die mit Geld bezahlt? Woher wussten die Seeleute damals eigentlich, wo sie sich befanden und welchen Kurs sie nehmen mussten, um nach Hause zu kommen? Wurden die Frachtschiffe nicht auch manchmal angegriffen? Gab es damals, als die Cutty Sark nach China und Australien fuhr, noch Piraten?"

Admiral Nelson und das Britische Weltreich

„Na, das sind jetzt aber ein Menge Fragen auf einmal", schmunzelt Opa Georg, „da fange ich am besten mit der Entdeckung Amerikas und des Seeweges nach Indien und China an.

Im August 1492 stach Christoph Columbus, ein Italiener im Dienste der spanischen Könige, in See, um den westlichen Seeweg nach China und Indien zu entdecken und durchkreuzte den Atlantischen Ozean. Als er nach rund 70 Tagen Land entdeckte, glaubte er, sein Ziel erreicht zu haben – doch tatsächlich war er an der Küste Amerikas gelandet. Ein anderer Seefahrer, der Portugiese Vasco da Gama, wählte die östliche Route, segelte um das Kap der Guten Hoffnung und entdeckte wenig später, im Jahr 1498, den Seeweg nach Indien.

Amerika, Indien, China, Australien – nach und nach erschlossen sich die Europäer die Seewege zu diesen fernen Kontinenten. Denn dort gab es neue, in Europa bisher unbekannte Waren wie zum Beispiel Gewürze, Seide und Tee. Auch Gold und Silber brachten die Entdecker mit.

All das stieß auch in England auf großes Interesse. Der Handel mit den neuen Waren versprach hohe

Britische Seefahrer landen
an der Küste Indiens.

Gewinne. So fuhren immer mehr Schiffe zu den fernen Kontinenten. Handelsposten wurden dort errichtet, oder gleich Kolonien. Kolonien nennt man Gebiete, die unter der Hoheit und Verwaltung eines fremden Staates stehen. So begann der Kolonialismus. Die ersten Kolonialgebiete Großbritanniens lagen an der Ostküste Nordamerikas." Opa Georg schweigt einen Moment. „Durften die das denn einfach so?", fragt RCL erstaunt. „Naja, einige Entdecker haben mit den Eingeborenen verhandelt und ihnen Land abgekauft oder andere Vereinbarungen mit ihnen getroffen. Manchmal haben sie sich das Land aber auch einfach mit Gewalt genommen. Die Europäer waren damals technisch viel weiter entwickelt und besser ausgerüstet als die Bewohner Afrikas, Amerikas oder Asiens. Sie begannen, den Reichtum dieser Länder an Gütern und Rohstoffen auszubeuten. Sie bezahlten mit Geld oder tauschten Güter gegen Waren, die sie mitgebracht hatten. Oft zahlten sie aber nur einen geringen Preis oder brachten Waren mit, die die Eingeborenen schwächten, wie zum Beispiel Alkohol."

Da wir gebannt lauschen, erzählt Opa Georg weiter. „Die Staaten Europas stritten sich immer wieder um die Kolonialgebiete und die Herrschaft auf den Weltmeeren. Im Jahr 1805 kam es zur Entscheidung: Die britische Kriegsflotte traf in der berühmten Schlacht von

Trafalgar auf die französisch-spanische Flotte. Das war zu der Zeit, als **Napoleon der I.** Kaiser von Frankreich war. Admiral Horatio Nelson, dessen Grab wir in der St Paul's Cathedral gesehen haben, befehligte die mit 2312 Kanonen bestückten 27 Schiffe der britischen Flotte. Sie kämpfte gegen 33 Schiffe mit 2864 Kanonen der französisch-spanischen Armada. Trotz ihrer Übermacht war die Armada unterlegen. Mit einem klugen und wagemutigen Schlachtplan führte Admiral Nelson die britische Flotte zum Sieg.

Er selbst wurde durch eine französische Kugel in der Schlacht verletzt und starb an dem Tag, an dem die britische Flotte die Armada besiegte. Durch diesen Sieg wurde Großbritannien zur wichtigsten Seemacht. Während der nun folgenden 100 Jahre beherrschte Großbritannien unangefochten die Weltmeere. Das war die Zeit des British Empire, des Britischen Weltreiches, als Großbritannien die weltgrößte Kolonialmacht war. Zum britischen Kolonialreich gehörten Indien, Pakistan und Australien ebenso wie Gebiete in Afrika und in der Karibik. Piraten gab es damals zwar schon noch, doch waren sie keine große Gefahr mehr für den Seehandel. Heute sind die früheren Kolonien des British Empire selbst souveräne Staaten und haben sich im **Commonwealth of Nations** zusammengeschlossen. Viele Menschen aus den 53 Staaten des Commonwealth of Nations leben heute in London."

Hier sitze ich auf dem Wollsack und leite die Sitzungen des Oberhauses.

Opa Georg macht eine kurze Pause. „So, du wolltest wissen, weshalb die Engländer Wolle aus Australien einführten. In Australien gab es schon immer sehr viele Schafe. Die Wolle der australischen Schafe und übrigens auch Baumwolle aus Indien wurde in den britischen Wollwebereien zu Stoffen verarbeitet. Im Osten Londons gab es sehr viele Webereien. Mit den modernen, mechanischen Webstühlen konnten die Webereien plötzlich riesige Mengen Stoff weben. Dafür benötigten die Webereien viel mehr Wolle als früher. So wurde der Handel mit Wolle ein ganz wichtiger Wirtschaftszweig. Und deshalb sitzt der **Lord Speaker** im Oberhaus seitdem auf einem Wollsack.“

Opa Georg hält inne und schaut sich um. Während er die Geschichte des Britischen Weltreiches erzählt hat, sind wir langsam auf ein prachtvolles, weitläufiges Gebäude zugegangen. „Deine Frage über die Orientierung auf dem Meer habe ich nicht vergessen. Jetzt schauen wir uns erst einmal das Schifffahrtsmuseum an und danach gehen wir zum Null-Meridian."

Das Schifffahrtsmuseum, das auf Englisch **National Maritime Museum** heißt, ist auch mein  **Tipp** für euch: Dort wird alles über die Seefahrt erklärt. Jede Menge Schiffsmodelle könnt ihr dort anschauen. Über die Schlacht von Trafalgar gibt es eine eigene Ausstellung. Sogar den Uniform-Rock, den Admiral Nelson bei der Schlacht getragen hat, mit Original-Einschussloch, könnt ihr dort besichtigen.

Die Uniform von
Lord Nelson
finde ich sehr fesch.

Der Null-Meridian

Durch das feuchte Gras des Greenwich Park spazieren wir zum Null-Meridian, der bei der Sternwarte auf einem Hügel im Greenwich Park markiert ist. „Opa Georg, woher wussten die Seefahrer, wo sie sich befanden? Hat das etwas mit diesem Null-Meridian zu tun, den wir uns jetzt ansehen?“, wiederholt RCL beharrlich seine Frage. Opa Georg schaut kurz nach oben und in alle Richtungen. „Du bist bereits auf dem Null-Meridian“, antwortet Opa Georg geheimnisvoll. RCL blickt sich um, blickt ins Gras und sieht – nichts, jedenfalls nichts Besonderes. „Wieso, wo ist denn dieser komische Meridian?“ Opa Georg erklärt es ihm.

„Jeder Ort auf der Erde kann durch eine Art Gitternetz bestimmt werden, das aus Längen- und Breitengraden besteht. Waagerecht um die Mitte der Erdkugel verläuft der Äquator, der die Erde in die Süd-Halbkugel und die Nord-Halbkugel unterteilt. Oberhalb und unterhalb des Äquators verlaufen in waagerechten Kreisen um die Erde die Breitengrade, mit deren Hilfe die Entfernungen nach Norden und Süden gemessen werden. Senkrecht wird die Erde in die West-Hälfte und die Ost-Hälfte unterteilt. Dafür benötigt man ebenfalls eine Ausgangslinie, von der aus nach Osten und nach

Wenn ich durch das Teleskop
schaue, kann ich die Sterne am
Himmel viel deutlicher sehen.

Westen gemessen werden kann. Diese Linie nennt man den Null-Meridian. Genaugenommen ist das ein Halbkreis, der vom Nordpol zum Südpol geht und senkrecht zum Äquator steht. Einen solchen Halbkreis könnte man theoretisch an jeder beliebigen Stelle der Erdkugel ziehen. Tatsächlich wurden früher verschiedene Linien als Null-Meridiane verwendet. Das war nun reichlich unpraktisch, weil es so keine einheitliche Ortsbestimmung geben konnte. Also verabredeten im Jahr 1884 die Vertreter von 25 Staaten, dass künftig die genau hier durch Greenwich laufende Linie vom Nordpol zum Südpol der Null-Meridian sein solle. Von diesem Null-Meridian aus und mit Hilfe der Längengrade werden die Zeit und Entfernungen nach Osten und Westen gemessen."

„Aber wie geht das? Woher wussten die Seefahrer, wieweit sie gerade vom Null-Meridian und vom Äquator entfernt waren?" RCL ist ebenso verwirrt wie ich. „Ganz so einfach ist das natürlich nicht. Die Seefahrer mussten sich auch mit dem Stand der Sonne, des Mondes und der Sterne auskennen und die Geschwindigkeit des Schiffes berücksichtigen. Aber wenn sie all das gut berechneten, konnten sie ihre Position ziemlich exakt bestimmen." Opa Georg überlegt. „Vorhin habe ich zu dem Observatorium da oben geblickt, weil ich weiß, dass dort der Null-Meridian ist, und dann zur

Sonne. Daraus habe ich den Verlauf des Null-Meridians über diese Wiese ermittelt und konnte dir sagen, dass du, zumindest mehr oder weniger, auf dem Null-Meridian stehst."

Als Opa Georg und RCL die Sternwarte erreichen, um sich den Null-Meridian anzusehen, suche ich mir ein hübsches verstecktes Plätzchen für ein kurzes Nickerchen. Schon bald bin ich im Traum ein unerschrockener Entdecker auf stürmischer See, der nur mit Hilfe einer Seekarte, eines Sextanten und dem Stand der Sonne, des Mondes und der Sterne das ferne Land Ameizonien entdeckt.

Vom lauten Schrei einer Möwe an der Mastspitze wache ich auf. Denke ich. Doch weit und breit ist weder ein Schiff noch eine Mastspitze und schon gar keine Möwe zu sehen. Also erklimme ich den höchsten Grashalm und sehe, wie RCL einen Freudentanz um Opa Georg herum aufführt. Was ist denn da los? Im schnellsten Ameisengalopp düse ich zu RCL. Strahlend bis über beide Ohren kommt er mit Opa Georg vom Null-Meridian. „Bis die Show losgeht, haben wir noch reichlich Zeit", sagt Opa Georg gerade. „Das Wetter ist jetzt so schön, wollen wir eine Stadtrundfahrt machen?" „Auja", ruft RCL glücklich, „super super super. Lass uns schnell zum Anleger gehen und zurückfahren." „Ich komme ja schon", freut sich Opa Georg über RCLs Begeisterung, „aber ein alter Mann ist doch kein schneller Teeklipper!"

Es war also RCls Freudenschrei, der mich geweckt hat: Wir werden heute Abend eine richtig echte Musical-Show sehen: *Der König der Löwen*. Vor lauter Aufregung kann ich mich gar nicht richtig auf die **Stadtrundfahrt im Doppeldeckerbus** konzentrieren, obwohl sie total toll und ein **Tipp** für euch ist.

Am Abend quillen die schmalen Bürgersteige am Covent Garden über vor Menschen. Sie drängen in die vielen Restaurants und Geschäfte rund um Covent Garden. Und dann gibt es hier, im Londoner West End, unglaublich viele Theater. Helle Leuchtreklamen kündigen die einzelnen Stücke an. Endlich sitzen wir im Theater auf unseren Plätzen (meiner ist gut getarnt auf einer kleinen Balustrade) und haben einen perfekten Blick auf die Bühne. Das wird unser bester Abend. Ich verrate NICHTS. Aber die Schauspieler, die Songs, die Kostüme sind einfach mega-cool. Deshalb ist das auch mein heißer **Tipp** für euch: Wenn ihr nach London reist, schaut euch eine **Musical-Show** in einem der vielen Theater an. Tickets gibt es natürlich online.

Bye-bye London

Soeben erhielt ich die Nachricht vom Hauptquartier aus Berlin (also genaugenommen von RCL): Sofort die Heimreise antreten, eine neue Mission wartet auf mich. Also ist mein Auftrag in London vorerst beendet. Was hat euch am besten gefallen? Der Tower? Westminster Abbey? Die Cutty Sark? Eines ist für RCL und mich klar: Wir kommen wieder! Es gibt in London noch so viel zu entdecken: Ganz oben auf meiner Liste steht der Palast Hampton Court, in dem König Heinrich der VIII. viel Zeit verbrachte. Auch das Globe Theater, in dem die Stücke William Shakespeares aufgeführt werden, konnte ich noch nicht für euch erkunden. Den Markt in der Portobello Road in Notting Hill möchte ich unbedingt auskundschaften, ebenso wie den bunten Spitalfields Market im East End, wo ganz früher Einwanderer in den vielen Fabriken unter harten Bedingungen schufteten und Jack the Ripper sein Unwesen trieb. Da werde ich dann durch die Kunstgalerien und das Spielzeugmuseum stöbern. Und natürlich werde ich nachsehen, was sich dann schon wieder alles verändert hat!

Doch bevor ich mich mit einer neuen Mission betrauen lasse, genehmige ich mir erst einmal einen Wassini. Cheerio – bis bald!

Eure Emse

Falls ihr nach London reist und dort irgendetwas entdeckt, das euch besonders gut oder überhaupt nicht gefällt, könnt ihr mir gern eine Email schreiben:

emse@emse-berlin.de

Hier sind einige Fotos aus London für euch

Eine Wache im Tower

Eine Rolltreppe in der Londoner U-Bahn

Blick über London

Die Uhr des Big Ben

In der City
of Westminster

Ein Londoner Bus

Im Naturkunde-
museum: Eine
kleine Ameise
trägt ein
großes Blatt

Die Tower Bridge

Die mächtigen Mauern des Tower

So sehen die
Londoner Telefon-
zellen aus

80

Königin Elisabeth die II.,
aus Legosteinen gebaut

Zur Erinnerung an
den Eisbären, der mal
im Tower lebte

Der Null-
Merdian

Von oben sehen die
Autos wie Spielzeug-
autos aus

81

Tipps und Informationen

Diana Memorial Playground
In der nord-westlichen Ecke von Kensington Gardens, U-Bahnstation Queensway oder Bayswater

Duck Tours
London-Stadtrundfahrt zu Lande und zu Wasser mit einem Amphibienfahrzeug. Informationen und Tickets gibt es unter anderem hier: www.londonducktours.co.uk

Fortnum & Mason
181 Piccadilly, London W1A 1ER, U-Bahnstation Green Park oder Piccadilly Circus

Hamleys
188–196 Regent Street, London W1B 5BT, U-Bahnstation Oxford Circus oder Piccadilly Circus

Harry Potter Shop
Im Bahnhof King's Cross bei den Gleisen 9–11, U-Bahnstation King's Cross St Pancras

Inn the Park
Restaurant im St James's Park, London SW1A 2BJ, U-Bahnstation Charing Cross oder Westminster
http://peytonandbyrne.co.uk/inn-the-park/index.html

London Eye

Das Riesenrad ist am südlichen Themse-Ufer in der Nähe der Westminster Bridge, U-Bahnstation Westminster oder Waterloo. Informationen und Tickets gibt es hier: www.londoneye.com/de/

London Pass

Der London Pass gewährt freien Eintritt oder Sonderkonditionen zu einer Reihe von Sehenswürdigkeiten und kann auch mit einem Ticket für das öffentliche Verkehrsnetz kombiniert werden. Es lohnt sich, vor einer Reise nach London zu prüfen, ob der Erwerb eines London Pass sinnvoll ist. Informationen gibt es hier: www.londonpass.de/

London Transport Museum

Eingang: Covent Garden Piazza, London WC2E 7BB, U-Bahnstation Covent Garden. Informationen und Tickets gibt es hier: www.ltmuseum.co.uk/

Musical-Show

Eine Übersicht, Informationen und Tickets für die Musicals in den WestEnd Theatern findet ihr unter anderem hier: www.visitlondon.com/de/sehen-und-erleben/was-ist-los/theater/musical?ref=nav

National Maritime Museum

Das weltgrößte Museum für Seeschifffahrtsge-
schichte (freier Eintritt), zu dem auch die Cutty Sark
und das Royal Observatory gehören (dafür benötigt
ihr Tickets), liegt in Greenwich und ist sehr gut mit
der Fähre zu erreichen (ca. 20 Minuten vom Anleger
Tower Bridge). Informationen und Tickets gibt es
hier: www.rmg.co.uk

Natural History Museum

Cromwell Road, London SW7 5BD, südlich
von Kensington Gardens, U-Bahnstation South
Kensington. Der Eintritt ist frei. Mehr
Informationen gibt es hier: www.nhm.ac.uk/

Palace of Westminster, Führung

Informationen und Tickets gibt es hier:
www.parliament.uk/visiting/visiting-and-tours/
tours-of-parliament/guided-tours-of-parliament/

Stadtrundfahrt im Doppeldeckerbus

Es gibt in London viele verschiedene Stadtrund-
fahrten, u.a. mehrere Routen in offenen Doppel-
deckerbussen, bei denen man an jeder Station
ein- und aussteigen kann. Informationen und
Tickets gibt es unter anderem hier:
www.londonkarten.de

St Paul's Cathedral

Informationen und Tickets gibt es unter anderem hier: www.stpauls.co.uk/Visits-Events

The Windmill

The Windmill, 6–8 Mill Street, London W1S 2AZ, U-Bahnstation Oxford Circus. www.windmillmay-fair.co.uk/

Tower Bridge

Informationen und Tickets für die Ausstellung in der Tower Bridge gibt es unter anderem hier: www.towerbridge.org.uk/TBE/DE/Exhibition/

Tower of London

Informationen und Tickest ibt es unter anderem hier: www.hrp.org.uk/TowerOfLondon/

Wachablösung

Vor dem Buckingham Palace, U-Bahnstation St James's Park oder Victoria. Informationen gibt es unter anderem hier: www.london.de/sightseeing/wachabloesung/

Und das könnte euch auch interessieren

Admiral Horatio Viscount Nelson

(1758–1805) übernahm 1778 sein erstes Kommando über ein Kriegsschiff. Infolge einer Verwundung war er seit 1794 auf dem rechten Auge blind. Kurz nachdem er 1797 zum Admiral befördert worden war, verlor er durch eine weitere Verwundung seinen rechten Arm. Auf seinem Flaggschiff, der mit 104 Kanonen ausgerüsteten HMS Victory führte er die britische Flotte zum Sieg in der Schlacht von Trafalgar.

Anglikanische Kirche Englands

Die Anglikanische Kirche entstand in England, als die englischen katholischen Bischöfe auf Veranlassung von König Heinrich dem VIII. im Jahr 1531 erklärten, nicht mehr der vom Papst ernannte römische Bischof sei ihr Oberhaupt, sondern der englische König. Inhaltlich verbindet sie katholische und evangelische Elemente zu einer Art reformierter katholischer Kirche.

Barock

nennt man den Kunst- und Architekturstil im 16. und 17. Jahrhundert. Er zeichnet sich durch üppige, prunkvolle, pompös geschwungene Formen und Verzierungen aus.

British Empire

Als Britisch Empire, das Britische Weltreich, bezeichnet man das Vereinigte Königreich und seine Kolonialgebiete im 19. Jahrhundert. In dieser Zeit gehörte ein Viertel der Weltbevölkerung zum British Empire. Es endete, als immer mehr Kolonien selbständige Staaten wurden und 1931 das Commonwealth of Nations gegründet wurde.

Christopher Wren

(1632–1722) war ein englischer Architekt und Astronom. Obwohl er zur Zeit des Barock lebte, verwendete er in seinen Bauwerken auch Stilelemente anderer Epochen, wie zum Beispiel der Gotik.

Commonwealth of Nations

Das Commonwealth of Nations ist eine Vereinigung von derzeit 53 unabhängigen Staaten, die früher überwiegend britische Kolonialgebiete waren. Der Informationsaustausch und die Zusammenarbeit zwischen den Staaten werden durch das Commonwealth Secretariat koordiniert. Hauptanliegen des Commonwealth ist die Förderung von Demokratie, Entwicklung und Weltfrieden.

Edward der VI.

(1537–1553) war von 1547 bis 1553 König von England. Er war ein Sohn von Heinrich dem VIII.

Eklektizismus

nennt man einen Architekturstil, bei dem in einem Bauwerk Elemente aus verschiedenen Baustilen zitiert und kombiniert werden, also zum Beispiel griechische Säulen mit gotischen Spitzbögen und einer Kuppel im Stil des Barock.

Elisabeth die I.

(1533–1603) war von 1558 bis 1603 Königin von England. Sie war eine Tochter von Heinrich dem VIII. Während ihrer Regierungszeit blühten Handel und Gewerbe auf, die Börse und die spätere Ostindienkompanie wurden gegründet. England wurde zur Seemacht. Heimlich förderte Elisabeth auch Freibeuter wie Francis Drake. Sie machte die von ihrem Vater begründete Anglikanische Kirche zur Staatskirche. Die Zeit ihrer Regierung nennt man heute das Elisabethanische Zeitalter.

Elisabeth die II.

(geboren 1926) ist seit 1952 Königin des Vereinigten Königreiches Großbritannien und Nordirland. Königin Elisabeth hat drei Kinder. Ihr ältester Sohn Prinz Charles ist Thronfolger. An Platz zwei der Thronfolge steht Charles' ältester Sohn Prinz William.

Englische Gotik

nennt man in der Architektur die Ausprägung des gotischen Stils (12. bis 15. Jahrhundert) in England. Die Kirchen streckten sich mehr in die Länge als in die Höhe, filigrane Steinornamente wurden als Dekorationselemente verwendet, die Spitzbögen waren flacher und breiter.

Heinrich der VIII.

(1491–1547) war von 1509 bis 1547 König von England und ab 1541 auch König von Irland. Er sprach fließend Latein und Französisch, komponierte Musikstücke und schrieb Gedichte. In seiner Jugend war er sehr sportlich und ein ausgezeichneter Kämpfer. Er gründete die Anglikanische Kirche. Heinrich der VIII. war ein imposanter, geschätzter König, doch privat fand er in seinen sechs Ehen kein dauerhaftes Glück.

Karl Marx

(1818–1883), Philosoph und Journalist, war ein Anführer der Arbeiterbewegung im 19. Jahrhundert. Er kämpfte gegen die Ausbeutung der Arbeiter in den Fabriken und setze sich für eine gerechtere Verteilung der Güter ein. Nachdrücklich kritisierte er die damals vorherrschende Wirtschafts- und Gesellschaftsordnung des Kapitalismus. Seine Theorie, wie die Gesellschaft funktionieren sollte, nennt man Kommunismus. Er verfasste gemein-

sam mit Friedrich Engels das Manifest, also das Grund-
programm der Kommunistischen Partei.

Lord Speaker
Der Lord Speaker ist der Vorsitzende des House of
Lords. Er leitet die Sitzungen, verkündet Abstim-
mungsergebnisse und vertritt das Haus of Lords bei
öffentlichen Anlässen.

Maria Stuart
(1542–1587) war von 1542 bis 1567 als Maria die I. Königin von Schottland. Da sie ebenfalls mit Heinrich
dem VIII. verwandt war, wäre sie auch gern Königin
von England geworden. Deshalb waren sie und Elisabeth die I. Rivalinnen.

Mechanik
ist ein Teilgebiet der Physik und bezeichnet die Lehre
von der Bewegung von Körpern und den dabei wir-
kenden Kräften.

Mittelalter
nennt man heute das Zeitalter ungefähr zwischen dem
6. und dem 15. Jahrhundert. Die Zeit vor dem Mittelalter nennt man Altertum, die Zeit nach dem Mittelalter Neuzeit.

Napoleon der I.

(1769–1821) war von 1804 bis 1814 Kaiser von Frankreich.

Normannen

Als Normannen bezeichnet man die Menschen, die im Mittelalter in den heutigen skandinavischen Staaten (also hoch im Norden) lebten. Auch die Wikinger waren Normannen.

Premier League

ist die höchste Spielklasse im englischen Fußball, in der 20 Vereine spielen. Sie ist der Bundesliga vergleichbar.

Römer

Das antike römische Reich entwickelte sich etwa im 8. Jahrhundert vor Christus in Italien („753 kroch Rom aus dem Ei") und beherrschte während seiner Blütezeit den kompletten Mittelmeerraum von Portugal bis Kleinasien und von Nordafrika bis Deutschland. Es endete im 6. Jahrhundert nach Christus.

Vereinigtes Königreich Großbritannien und Nordirland

Das Vereinigte Königreich ist über Jahrhunderte entstanden: 1536 wurde Wales Teil des Englischen Königreiches. Durch die Vereinigung mit Schottland entstand 1707 Großbritannien. Im Jahr 1800 vereinigte sich Großbritannien mit Irland zum Vereinigten Königreich von Großbritannien und Irland. 1921 spaltete sich ein Teil von Irland ab, die heutige Republik Irland. Nordirland blieb Teil des Vereinigten Königreiches.

Victoria

(1819–1901) war von 1837 bis 1901 Königin des Vereinigten Königreiches und seit 1877 auch Kaiserin von Indien, das zum britischen Kolonialreich gehörte. Während ihrer Regierungszeit, die man heute das viktorianische Zeitalter nennt, entwickelte sich die industrielle Revolution rasant, Großbritannien wurde zum Weltreich. Königin Victoria gab dem Land dabei Beständigkeit und Stabilität.

Wassini

Unter Ameisen beliebtes Mixgetränk: 4 Teile Wasser (entspricht 1 Maiglöckchen-Blütenkelch) mit 10 Sandkörnern vermischen, gut quirlen und mit der Spitze eines Löwenzahn-Blattes garnieren.

Wilhelm der Eroberer

(1027–1087) war von 1066 bis 1087 als Wilhelm der I. König von England.

Hier ist Platz für eure Notizen

Dank

an unsere kritischen Testleser Sophie, Alexander, Chawakorn und Karla, an Lutz und Stefan für Ansporn, Unterstützung und kritische Fragen, an Antje Stock, Ulla, Petra und Tom für viele Hinweise und Anregungen, an Svenja, an Christian Rothmann und Werner Ehmann für wertvolle Ratschläge und an Opa Georg, den es wirklich gab und der jetzt durch die Wolken reist.